Nicolás Britos

Soy Schumann

Colección
FLAUTA DE PAN
de iniciación a la música

DE CÓMO PASAN EL TIEMPO, EN EL JARDÍN, LAS ESTATUAS DE ROBERT SCHUMANN Y SU ESPOSA CLARA.

Todo el mundo sabe que las estatuas, cuando nadie las mira, hablan entre sí.

Esta es la historia de dos estatuas que se encuentran en el jardín de un conservatorio de música de la ciudad de Leipzig, Alemania.

Una de ellas, Clara, está sentada en un cómodo sofá, mirando al frente. La otra, Robert, está de pie detrás de ella. Una mano se apoya en el respaldo del sofá, y la otra descansa junto al cuerpo.

Están algo gastadas. Llevan ahí más de cincuenta años, y muchas veces tuvieron que cortar las ramas de las enredaderas que venían a envolverse entre sus ojos, haciéndoles cosquillas con la hojitas en la nariz.

Una de las peores cosas que le pueden pasar a una estatua es que le hagan cosquillas en la nariz, ya que si le dan ganas de estornudar, tiene que aguantarse hasta que no haya nadie alrededor que pueda escucharla.

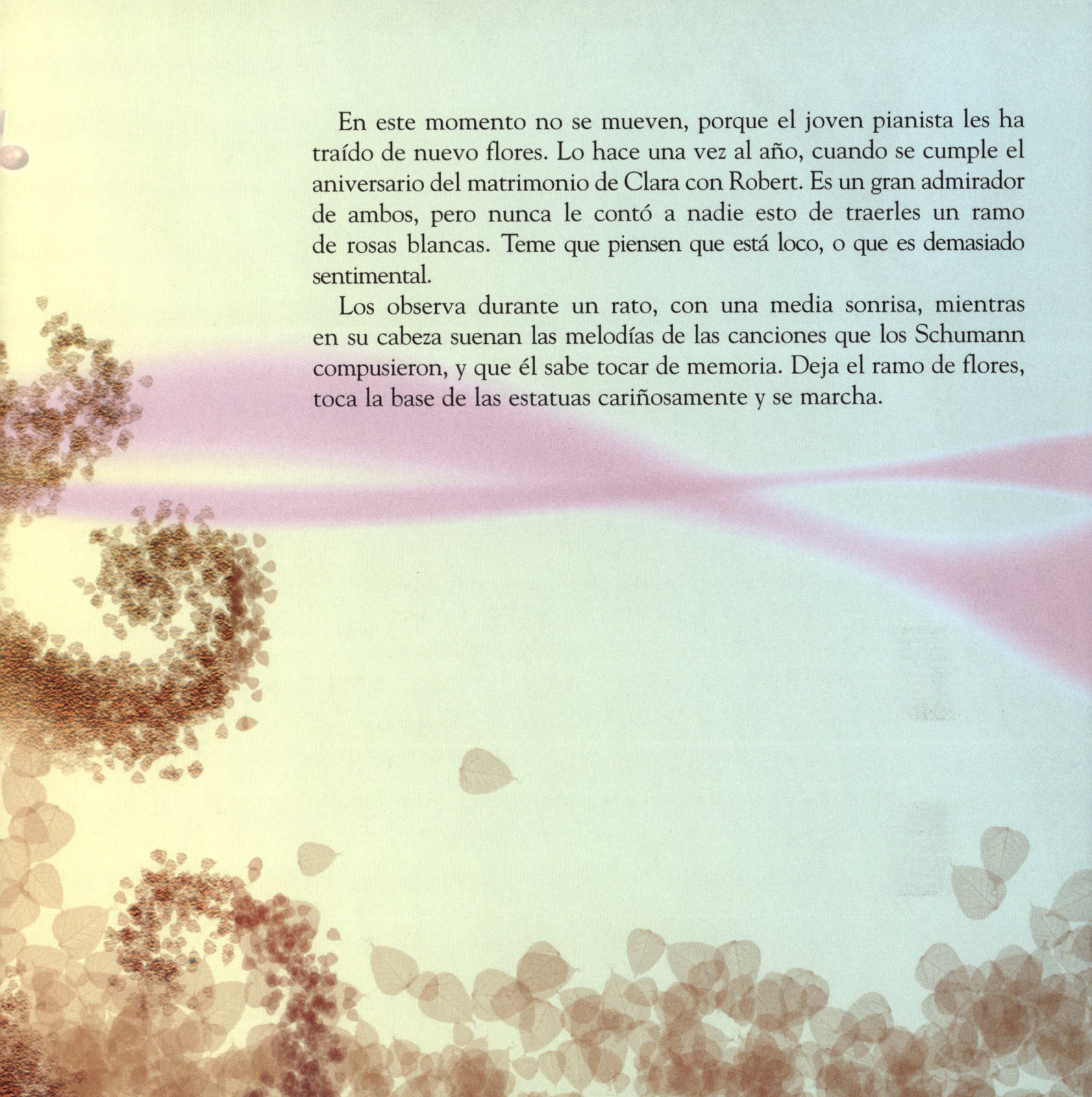

En este momento no se mueven, porque el joven pianista les ha traído de nuevo flores. Lo hace una vez al año, cuando se cumple el aniversario del matrimonio de Clara con Robert. Es un gran admirador de ambos, pero nunca le contó a nadie esto de traerles un ramo de rosas blancas. Teme que piensen que está loco, o que es demasiado sentimental.

Los observa durante un rato, con una media sonrisa, mientras en su cabeza suenan las melodías de las canciones que los Schumann compusieron, y que él sabe tocar de memoria. Deja el ramo de flores, toca la base de las estatuas cariñosamente y se marcha.

—¿Se cansará alguna vez? —pregunta Clara, segura de que el joven pianista ya se ha alejado.

—Espero que no —le contesta Robert, apoyándose un poco mejor sobre el respaldo del sofá. No le duelen las piernas, pero a veces le dan ganas de cambiar un poco de posición.

—Yo también. Ni siquiera a nuestros hijos se les ocurrió venir a vernos todos los 12 de septiembre.

—Venían un día después, querida, para tu cumpleaños.

Clara se queda pensativa un momento. Para las estatuas, el tiempo pasa distinto que para nosotros. Un suspiro de estatua puede durar tres días. Un estornudo, catorce horas. Ha habido casos de estatuas que durmieron siestas de nueve siglos. Por eso, en el instante que Clara vuelve a hablar, ya es de noche.

—¿Te acuerdas, Robert, del día en que nos conocimos?
—Mi amor, cada 12 de septiembre me lo preguntas, y cada 12 de septiembre yo te respondo: no, no lo recuerdo.
—Pero te lo he contado tantas veces…
—…que yo puedo repetirlo como si en verdad lo recordara ahora mismo. Claro. Tienes que entenderlo, no es que no me importaras, o que no fueras hermosa. Es sólo que… yo era un joven enamorado de la música, y llegaba a la casa de tu padre con la única intención de ser cada vez mejor. Era lo único que me importaba: tocar el piano como un dios, ser el más grande de todos. El día que te conocí…
—Lo sé. Yo no era más que una pequeña niña de once años, sentada en un rincón, mirándote con ojos gigantes. ¡Hubiera necesitado veinte ojos más para mirarte mejor! Eras tan hermoso, y confuso y atolondrado. El pelo largo se te caía siempre en la frente, y ponías una cara tan seria para tocar el piano, que daba risa. Mis hermanas se burlaban de ti. Pero yo… yo no pude olvidarte nunca más.

Se empieza a escuchar los pájaros de la madrugada cuando Clara se anima al fin a hacer la pregunta.

—¿Cuándo te fijaste en mí por primera vez, querido Robert?
—Pero Clara, lo sabes tan bien como yo.
—¡Oh, no seas así! ¡Cuéntamelo! ¿O acaso tienes algo mejor que hacer?
—¡Por supuesto que tengo algo mejor que hacer! Puedo hacer… podría… en fin, tengo muchísimas ganas de… de… ¡De mirar para allá! –dice al fin, girando la cabeza hacia la derecha.
—Querido Robert… –le dice Clara con tranquilidad.
Robert da un breve suspiro de cuatro horas.
—Fue el día en que, por primera vez, tocaste una de mis composiciones –comienza a contar–. Ya eras bastante mayor, parecías de hecho toda una mujer. Me enamoré. Nos casamos, tuvimos hijos, luego…
—¡Oh, Robert! ¡Para ser el más grande compositor romántico, tienes tan poco romanticismo!
—Una cosa no tiene nada que ver con la otra, como tú bien sabes, querida Clara.
—¡No te haces una idea de cuánto tiempo tardé en preparar esas tres piezas! Las estudié y estudié durante semanas. Siempre me parecía que las hacía fatal, que todo sonaba horrible, que te levantarías del salón ofendido por cómo había destruido tu obra…
—Las tocaste maravillosamente.
—El miedo se me fue por completo apenas te vi, sentado en la primera fila, junto a mi padre. Me sonreíste de una manera tan familiar, tan cómplice, que me di cuenta enseguida de que nunca podría equivocarme, porque era como si esas obras las hubiera escrito yo, como si…
—¡Atención! –dice Robert de pronto, y se coloca en su posición de estatua.
Clara no lo duda un segundo y también se congela mirando al frente.

Tres jovencitas caminan por el jardín. Son estudiantes de piano de una clase avanzada. Una de ellas lleva en sus manos un libro que dice en la tapa: "Robert Schumann: lieder". Pasan de largo, hablando acerca de un profesor que aparentemente está un poco loco. Salen por una de las puertas y luego hay silencio.

—Menos mal que estamos aquí, un tanto escondidos –dice Clara–. Me dan tanta pena esas estatuas de la calle. No tienen ni un segundo de respiro. Siempre hay alguien pasando, mirándolas, sacándoles fotos, grabándolas en video… ¡Dios mío! Dicen que la Esfinge de Egipto no estornuda hace más de dosmil quinientos años.

—Yo me quedé pensando… –dice de pronto Robert, pero luego calla.

—¿En qué, amor mío?

—No es nada. Pensaba en cómo me gustaría que estas jóvenes estudiantes de hoy en día tuviesen en sus manos libros con partituras de Clara Schumann Wieck, y no de su torpe marido.

Clara sonríe y sin moverse demasiado, apoya su mano sobre la mano de él.
—Querido Robert, eso no es culpa tuya. Yo tenía que decidir entre mis hijos o componer música. Y me decidí por mis hijos, y no me arrepiento. Fueron maravillosos, vivieron una vida fantástica, y ahora hay decenas de bisnietos y tataranietos nuestros recorriendo el mundo.
—Sin embargo ya ves a estas jóvenes de hoy en día. Muchas de ellas tienen también hijos, y al mismo tiempo se dedican a lo que las apasiona…
—Son otros tiempos, mi amor, las cosas han cambiado mucho. Piensa que, a pesar de todo, fui una de las primeras mujeres en hacerse un nombre en la música.
—¡A la gente le encantaba escucharte!

Un piano comienza a sonar desde una ventana cercana, dentro del conservatorio. Toca algo suave y un poco triste. A veces se detiene y vuelve a repetir una frase, tratando de hacerlo mejor.

—Y yo te hice las cosas más difíciles…
—¡Sabía que dirías eso! —lo interrumpe Clara—. Siempre te gustó pensar lo peor de todo. Si se hace de día, piensas: "¡Qué pena, con lo bonita que era la noche!", y si se hace de noche: "¡Oh, no! ¡Con lo que me gusta el día!".
—¡Es que es verdad, el día es mejor! —dice Robert, mirando con tristeza las estrellas.
—Fuiste un hombre maravilloso, mi querido Robert Schumann. Peleaste por mí contra mi padre, y bien que hacía falta valentía para enfrentarse a él. Me acompañaste siempre que di un concierto, me enseñaste todo lo que sabías, me presentaste a tus innumerables y fantásticos amigos para que me ayudaran y me dieran consejos…
—Bueno, bueno, no exageremos. Mis amigos tampoco eran innumerables.
—¡Pero si todos te conocían por ser el único músico de tu talento que no sentía envidias ni competía con sus colegas! Admirabas a tus amigos y hacías todo por ayudar a los jóvenes que buscaban su camino…
—Había tantos músicos y escritores fantásticos en nuestro tiempo.
—Y todos te querían.
—No sé si era tan así.

–Créeme. Yo los traté mucho después de tu muerte. Sé lo que significabas para ellos.

–Clara… –dice Robert.

Un gran grupo de gente sale a celebrar el fin de las clases. Beben, ríen y alguien lleva una guitarra. La fiesta es divertida y la disfrutan hasta el amanecer. Fue el tiempo que tardó Robert en tomar valor para decir lo que tenía que decir.

–… todas esas veces en que yo… no me sentía bien… Aquella en que tiré el anillo de bodas al río, cuando te escribía esos largos poemas…

–¡Qué hermosos eran!

–… el tiempo que me tuvieron en aquella horrible clínica… En fin, todos esos momentos… Quiero que sepas, Clara: pensar en ti era lo único que me mantenía vivo. Sabes que amo la música por sobre todas las cosas. Pero tú eres más que todas las cosas. Estás por encima, vas más allá. No perteneciste nunca a este mundo; siempre fuiste la única habitante de mi alma.

–Ja… jaja… –empieza a reír Clara –Jaja… ¡Ja!

–¿Qué? –dice Robert–. ¿Ya tienen que venir a cortar las ramas de la enredadera otra vez?

–Je… no, mi querido Robert. Es sólo que, no importa cuánto tiempo pasemos juntos, siempre me sorprendes. Un segundo parece que tu corazón fuera de piedra, te quedas en silencio y es imposible saber qué pasa en tu mente, y al otro, te abres como una fuente y entregas tu alma entera sin mirar.

Si Robert no hubiera tenido la cara gris, se hubiera visto el color rojo intenso de sus mejillas.

–Así soy… yo… supongo– murmura.
–¡Quieto! –le grita Clara, volviendo a su posición de estatua.

Por la puerta sale al jardín otro joven pianista, con su ramo de rosas blancas. Éste viene de la mano de una chica tan joven como él, de grandes gafas, que lleva consigo unas partituras. Se acercan lentamente a Robert y Clara. Sin soltarse las manos, depositan las flores a sus pies y se quedan mirándolos, abrazados. Luego se van.

Clara suspira.
—Nuestro amigo tiene novia —dice con una sonrisa.
—Así parece.

Empieza a oscurecer.

–Querido Robert.
–Dime, Clara.
–¿Recuerdas la vez en que nos conocimos?
–No Clara. No lo recuerdo –contesta Robert–. Pero puedo contártelo como si hubiera ocurrido ayer.

Más sobre Robert Schumann

Robert Alexander Schumann nació el 8 de junio de 1810, en la ciudad alemana llamada Zwickau.

El pequeño Robert adoraba tocar el piano, componer piezas musicales y escribir poemas y ensayos. Su padre, que era editor, lo ayudaba a que estudiara todo aquello que a él le gustase.

A los catorce años escribe un ensayo sobre la estética de la música.

Por aquellos años estaba en auge el Romanticismo, un movimiento que vivía el arte de forma apasionada, relacionándolo siempre con la naturaleza, con el amor hasta la muerte, los reflejos del sol en el agua, etcétera. Schumann leyó –apasionadamente, como no podía ser de otra forma por entonces– a escritores como Goethe, Lord Byron y Schiller, con una especial predilección por Richter. A los dieciséis comienza a escribir dos novelas, pero termina una sola, de nombre Tarde de junio.

En esa época muere su padre. Su madre, que no era tan comprensiva de los gustos artísticos de su hijo, lo envía a estudiar Derecho a la Universidad de la ciudad de Leipzig.

A los diecisiete escucha las obras de Schubert y Mendelssohn y se siente atrapado por la música. Abandona entonces la Universidad.

Le gustaban los idiomas. A los dieciocho, ya había estudiado francés, latín, inglés, español e italiano.

A los veinte años, lo que Schumann quería era ser concertista de piano. Para ser concertista de piano no sólo hay que saber tocar bien, también hay que pasarse horas y horas durante cada día tocando el piano sin parar, haciendo escalas y estudiando con mucho esfuerzo. Schumann no tenía problemas con esto. Al contrario, aparentemente tenía todo lo que hacía falta para ser un virtuoso. Pero una lesión en su mano derecha, en 1830, lo obliga a abandonar sus sueños, y a dedicarse exclusivamente a componer.

Decide estudiar teoría musical con el director de la Ópera de Leipzig, abandonando por completo cualquier otra carrera o estudio que no tuviese que ver con la música.

Schumann tenía muchos problemas psicológicos. Pasaba largas temporadas triste sin razón y a veces decía escuchar voces que le dictaban melodías para escribir. Su primera crisis la vivió a los veintitrés años, tras la muerte de su hermano Julius y su cuñada Rosalie.

Las obras escritas en esta época son maravillosas fusiones entre su talento literario y su enorme sentido musical.

Tiene un nuevo maestro, Friederich Wieck. Lo visita asiduamente en su casa, donde conoce a famosos compositores como Mendelssohn o Chopin.

Conoce allí también a la hija de su maestro, Clara, nueve años menor que él. Con sólo once años ya es una afamada pianista, que ha hecho, desde pequeña, giras de conciertos internacionales. Años más tarde comienzan a enviarse cartas de amor en secreto. Cuando Clara cumple dicisiete, Robert pide la mano a su padre –y antiguo maestro– que se niega rotundamente.

Comienza una batalla legal para que Robert y Clara puedan casarse antes de que ella cumpla los veintiuno. Finalmente lo logran. Se casan un día antes de su cumpleaños.

Clara y Robert están perdidamente enamorados y tienen una gran afinidad en todos los sentidos, incluso musicalmente. Componen algunas obras juntos, y siempre se aconsejan y opinan el uno del otro. Clara abandona su carrera como compositora para atender a sus ocho hijos.

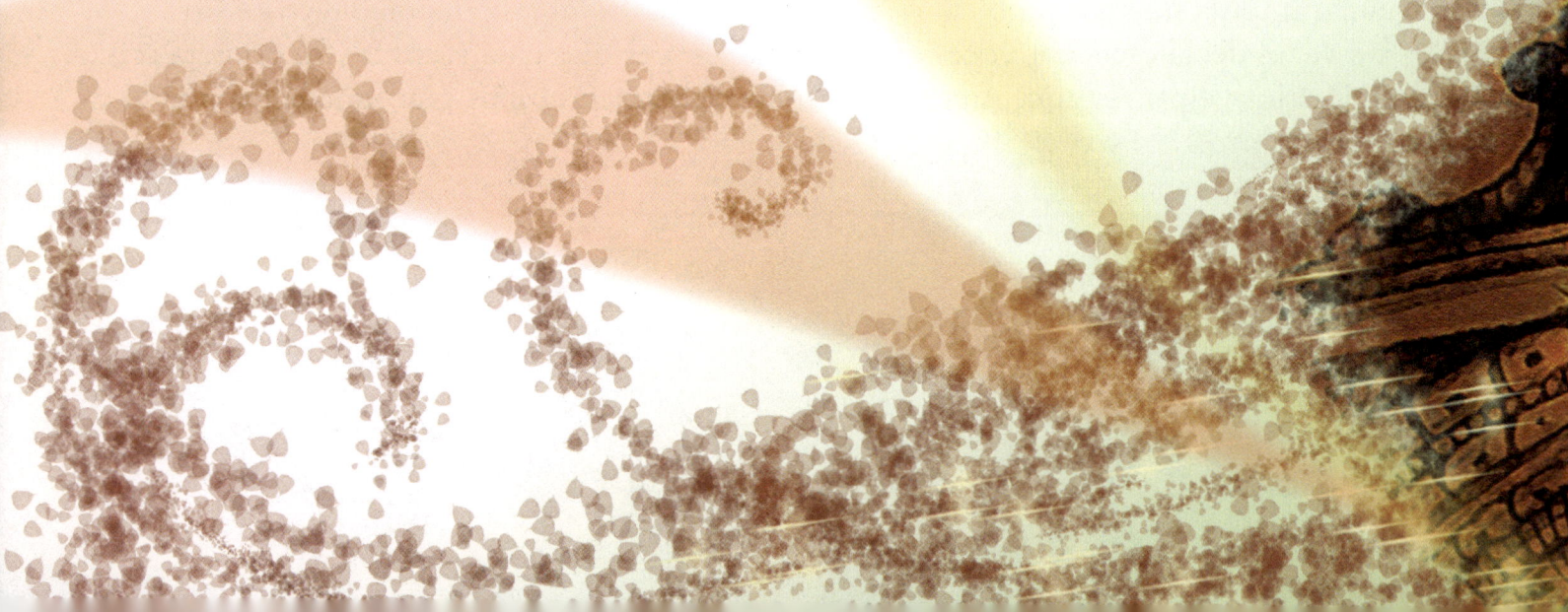

En 1843, Schumann es nombrado profesor de piano y composición en el afamado conservatorio de Leipzig.

En 1844 se mudan a Dresde, después de que Robert atravesara una nueva crisis. Escribe una gran cantidad de obras, entre las que se incluye una sola ópera, que no tuvo mucho éxito. Componía con tanta velocidad que cuando se quedaba sin papel, debía arrancar las cortinas para seguir escribiendo en ellas.

Lo internan en un sanatorio privado para ayudarlo a sobreponerse de sus crisis mentales. Pero no lo logran. Muere a los cuarenta y seis años, el 29 de julio de 1856.

Su esposa Clara nunca dejará de interpretar sus obras. A lo largo de su extensa vida, ganaría mucha fama y prestigio dejaría como pianista, dando conciertos en todo el mundo.

Ensueño
Nro. 7 de las "Escenas Infantiles" op.15

Robert SCHUMANN

A LOS PADRES Y MAESTROS:

La flauta dulce es un instrumento con sus limitaciones a nivel de gran ejecución, pero de inestimable valor para incentivar en los niños el amor a la música y el deseo de ejecutarla ellos mismos. La versión aquí incluida es una trascripción para ese instrumento, fiel en todo lo posible y a la vez adaptada a las posibilidades del pequeño principiante.

En nuestra página web oficial, www.lectorum.com.mx, podrán hallar las siguientes pistas musicales en formato mp3, para facilitar la tarea sobre la partitura:

1. La ejecución del fragmento por un músico profesional, en flauta dulce, con fondo de piano y con el tempo y el nivel de complejidad aptos para el pequeño ejecutante.

2. La ejecución del mismo tema sólo en piano, para acompañar, a la manera de un "karaoke", la ejecución en flauta por parte del aprendiz.

3. Una versión simplificada de cómo sonaría el tema en una orquesta de cuerdas, para acostumbrar el oído del niño a una ejecución clásica.

Este material sonoro podrá ser bajado sin cargo, y es un aporte de Lectorum a la tarea de padres y docentes, y a la divulgación de la buena música.

Gracias.
El editor

Edición
	Aldo Boetto y Julio Acosta
Ilustraciones
	Alfredo Yuen
Diseño de tapa e interior
	Natalia Marano
Corrección
	Elena del Yerrro

Soy Schumann
© Nicolás Britos, 2007

D.R. © Editorial Lectorum, S.A. de C.V., 2007
Centeno 79–A, Col. Granjas Esmeralda
C.P. 09810, México, D.F.
Tel.: 55 81 32 02
www.lectorum.com.mx

	L.D. Books
	8313 NW 68 Street
	Miami, Florida, 33166
	Tel. (305) 406 22 92 / 93
	ldbooks@bellsouth.net

Primera edición: junio de 2007
ISBN: 978-970-732-220-2

Características tipográficas aseguradas conforme a la ley.
Prohibida la reproducción parcial o total sin autorización escrita del editor.

Impreso y encuadernado en México
Printed and bound in Mexico

Soy Schumann, de Nicolás Britos, fue impreso en
junio de 2007, en Gráficas Monte Albán,
Fracc. Agro Industrial La Cruz, lote 37-39,
El Marqués, C.P. 76240,
Querétaro, México